JN411025

哀而不悲, 愛而不走

이 시대를 살아가는 한 휴머니스트의 애절한 자기고백

백요섭 지음

애이불비

저자 | 백요섭
초판 발행 | 2014년 7월 5일

발 행 인 | 문상필
북디자인 | 이한솔
펴 낸 곳 | 주식회사 애니빅
주　　소 | 서울시 영등포구 경인로 82길 3-4
(문래동 1가 센터플러스 1118호)
대표전화 | 02-2164-3840　**팩스** | 02-6209-7749
홈페이지 | www.anibig.com
이 메 일 | 0221643840@hanmail.net
출판등록 | 제318-3180000251002008000010호

가격 9,000원

ISBN 978-89-97617-62-3 03800

이 시대를 살아가는
한 휴머니스트의
애절한 자기고백

애이불비

백요섭 지음

ANIBIG 애니빅

목차

첫번째 이야기 교감

두번째 이야기 Love

세번째 이야기 산다는 건?

네번째 이야기 신과 인간

마지막 이야기 나의 고백

첫번째 이야기

감교

발걸음

터벅터벅터벅터벅

내가 나를 내딛는 소리

나와 세상이 하나가 되는 시끄러운 교감

땅은 내가 밟아도 싫은 소리 한마디 없고

나를 있는 그대로 받아주는구나

고개를 숙이고 싶다

그리고 대지와 입맞춤하고 싶다

고맙다
사랑한다

나는 이렇게 환영받고 있구나

그렇게 나도 세상을 환영한다

한강의 기적(汽笛)

오늘밤도 누군가의 그리움과 설레임을 싣고
어디론가 떠나는 열차
지친 서울을 떠나며 "서울아 잠시 잘 있거라"
하면서 부르는
기차의 짧은 이별 노래에
흐르는 강물은 그저 출렁이는 웃음으로 화답하고
돌아올 때도 또 다른 내가 변함없이
반갑게 맞아줄 거라
소리 없이 약속한다.
산들은 볼멘 소리로 투덜대지만

기차는 나에게 속을 다 내어주신 분이

그런 것 가지고 그러시냐며 산에게

애교를 보내본다.

모두들 안녕~ 또 보자.

동행

폭풍 같은 바람아~

오늘 차암 시원하게도 부는구나

내 너를 타고 질풍처럼 날아가게 해줄 수 있겠니?

그리하여 우리 모두의 가슴을

빼엉 뚫리게 할 수 있다면,

누군가의 상처를 날려 버릴 수만 있다면…

나는 지금

너와 하나가 되고 싶구나

꽃눈? 눈꽃!

도심 속에 핀 눈꽃

답답한 도시를 잊게 해주는 한생명과

자연의 합작품이랄까

오늘도 지친 나를 **위로**해 주는구나

부디~ 오래오래 녹지 말고 내 가슴속에 와서

콕 박혀다오

春川

봄을 머금은 강이 흐르는 곳

꽃과 강 그리고 햇살이 하나가 되는 곳

자연이 우리에게 한없는 기쁨을 주는 곳

이 봄, 저는 춘천을 사랑하렵니다~

春川

아차산의 봄

산이 좋아 산기슭에 집을 짓고 사는 사람들

산의 품에 꼬옥 안긴 채

그 향에 취해 산먹은 벙어리가 된

날마다 행복한 사람들

春

春

春

春

春

Heimat

내 고향 정 남 진

언젠가는 그곳에서 유유자적하며

떠오르는 해를

만끽할 수 있는 날이 오기를 소망한다

正門津

심심산천에

白 도라지

감기에 좋다는데 나는 너를 보면 눈이 감긴다.

그리고 행복한 상상에 빠진다.

白

자연의 법칙

하루에 2번,

바다는 섬에게 친구를 허락한다. 그리고,

섬과 섬의 친구들은 매일 2번씩

서로를 **그리워**한다.

自然
자연의
法則
법칙
섬

Gallop

잠시나마 해마가 되고 싶었던 말의 질주!

- 대부도 풀등에서 -

海馬 말

남기는 것,
남겨지는 것

호랑이 → 가죽

사람 → 이름

자연 → 자연

봄에 대한 헛갈림

계절은 봄이나 나의 마음속에도 봄이 오고 있는가

봄이라는 놈은 **내가 느끼는 대로** 오는 것인가

아니면 **지가 오고 싶은 시절대로,**

보이고 싶은 모습대로 오는 것인가

홀로

우리에게 봄을 선물하는 **한떨기 생명**이여~

그대 하나 만으로 우리는 가슴 벅차게 행복하다.

오늘은 이렇게 헤어지지만

또다른 봄이 오면

너와 나 다시 만나고 사랑하자

그때까지는 서로를

가슴 시리게 **그리워하자꾸나**

봄비의 반전

뿌옇게 흐린 하늘 너머에는

눈부시게 빛나는 햇살이 있다.

그렇게 햇님은 우리를

다시 비추게 될 때를 기다리고

우리는 그 때가 왔을 때

님에게 부끄럽지 않게 비추이기를 꿈꾼다.

이 하늘의 눈물이 멎으면 나와 너

그리고 **우리의 심장**은

따사롭고 한없이 자애로운 광선이 주는

거짓말 같은 치유에 감사하게 되겠지~

봄비

달이 떠오르는 산

차창 밖으로 산이 다가온다.

기억은 아련하지만 **소시적 씩씩거리며**

올랐던 저 곳

그때 그 구름다리여 잘 있는가?

달 떠오르던 봉우리님도 잘 계시는가?

이제는 훌쩍 커버린 아저씨의 메아리로

그대들과 **다시 만나고 싶다.**

月 月 月 月

人 人 人 人

주검

떨어진 꽃잎이여

죽어가는 사랑이여

내 너를 사무쳐하기엔 너는 너무도 아름답구나

어이하여 그렇게도 촉급히 사라져 가는거니

차라리 나도 그렇게 해주려무나

아름답고 **이름모를 꽃잎**이시여~

두번째 이야기

Love

슬픈

슬픈 눈을 하고 창밖을 바라보는 그대여~

그 모습이 너무도 **쓸쓸하고 아름답구나**

그 눈은 봄날의 호수를 닮은 것도 같고

이름 모를 들꽃 같기도 하고...

너의 다리는 학을 닮았구나~

그 다리 위에 내 머리를 놓고 잠이 들고 싶다.

그 위에서 **영원히 깨어나지 않을**

영겁의 숙면을 취하고 싶구나.

스쳐가는 그대여~

이렇게 정녕 헤어질지라도 나에게 찰나의 꿈,

잠깐의 사랑을 심어준

그대에게 감사한다.

- 어느 관음증 환자의 고백 -

사랑의 서약

A : 가지려고 하지 않겠습니다

B : 있는 그대로 받아들이겠습니다

A : 내가 아닌 **우리**가 되려고 노력하겠습니다.

B : 우리가 우리인 이유를 찾으며 살겠습니다.

A : 우리 **사랑의 결실**이 생기면 이 사랑을

그들에게도 전하겠습니다.

B : 사랑의 결실이 잘 자라도록 언제나

함께하겠습니다.

A : 당신 한명 만을 영원히 사랑하겠습니다.

B : 그 사랑이 **영원하도록** 나도 그대의 손을

살포시 부여잡고 있겠습니다.

A : 이제 이리 오삼!

B : 아잉~ 부끄러워라

A,B : 쪼~옥 '♥'

만남

찾으려 하는 사람들, 애써 찾으려 하지 않는 사람들

모두에게 **만남**은 다가온다.

혹자는 **우연**이라고 하고 다른 누군가는

운명이라고도 하지만

만남은 그 자체로 野하고 신성한 것이라

기쁨도 주고 슬픔도 주고 희망도 주고 좌절도 주네~

문득 다가올지 모를 그 또는 그녀와의 만남을 위해

오늘 우리는 **받아들일** 준비를

함께할 준비를 하고 살면 되는 것인가?

혹자는 **우연,**

다른 누군가는 **운명.**

사랑의 시작

살아 온 길은 달랐지만

보아 온 것도 달랐지만

오늘 비로소 **그대**를 만났네요

마치 운명처럼....

함께 하고 싶어요 함께 느끼고 싶어요

당신을 내 안에 두고 **나도 그대 속으로**

들어가고 싶네요

지금 이 사랑 받아들여 주실래요?

그러면 **우리는 이제 사랑할** 수 있겠지요.

그리고, 함께 세상을 아름답게 만들 수 있을 거에요.

하지만! 당신이 저를 내치신다면
저는 **또 다른 운명**을 찾아 떠날 거에요~

Love and Be Cool ~ ^.^

동동 크리미

왜 그렇게 뿔이 나셨나요

제가 당신을 언짢게 했나요?

미안해요

하지만 **사랑해요**

이제는 당신이 맨날

고르릉 고르릉 하도록 안아드릴께요

당신은 오래 오래 제 곁에서

행복해 주세요

친구에게 고함1

살아온 그 성상 너무나도 아름답기에

그토록 **의연**하게 서 있는 **너**

어떤 비바람도 그대를 흔들지 못하는구나~

그래~ 앞으로도 그렇게 굳건한 **태산**처럼

혹은 모든 것을 받아주는 **바다**처럼

우리 모두의 가슴속에 남아주시게

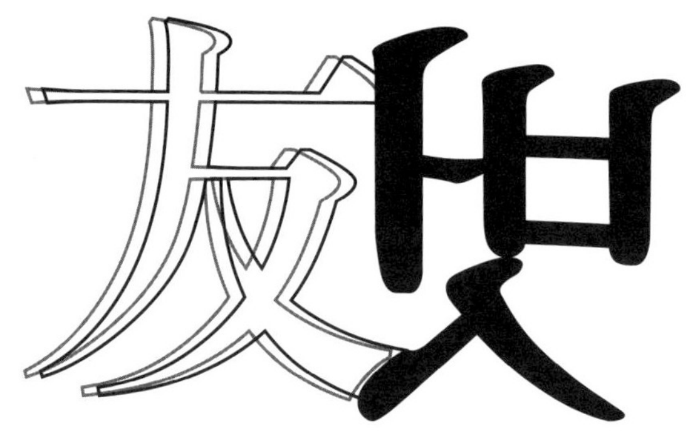

군건한 **태산**처럼,
모든 것을 받아주는 **바다**처럼

한떨기

모란꽃 같은

한송이 장미와도 같은

그대를 **보았다**

눈이 **힘들다**

가슴은 **떨린다**

가만히 있어도 심장이 뛴다

이런게 **세상**일까

아니면 **사랑**일까

가슴속에 한마리 종마가 뛰는 것 같은 지금

난 너에게 조금씩 다가가고 싶다.

지금

애절이라, 애절함이라

그대 내 옆에 있으니 **행복함**이라

나의 일탈을 꿈꾸게 하니 그대는 **귀찮음**이라~

애절이라,
애절함이라
행복함이라
나의 일탈을 꿈꾸게하니
그대는 귀찮음이라

사랑

네 이놈!

이런 **이쁜놈**!

있기만 하면 **세상을 아름답게** 할 놈!

그렇게 **우리 모두를 이어줄 놈**!

난 그래서 **네가 좋다**! ㅋ

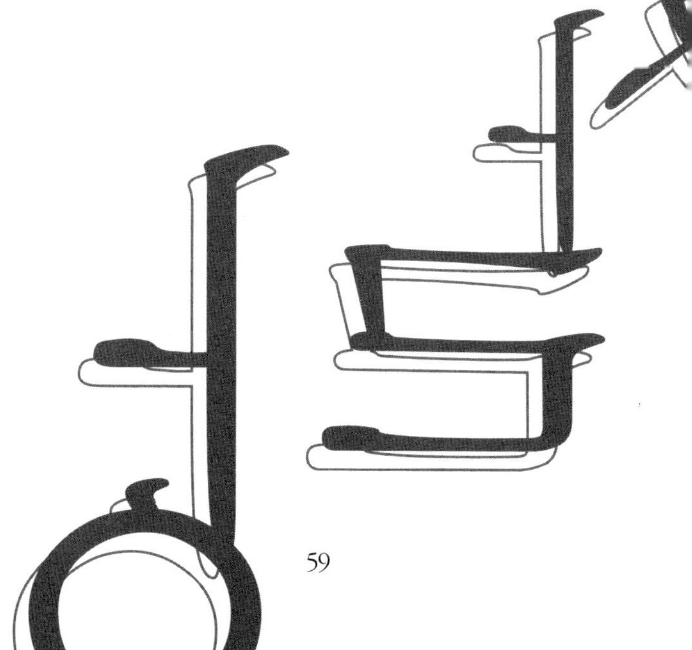

세번째 이야기

산다는 건?

그릇이야기1

사람들은 누군가가 가진 **그릇의 크기**를 논한다.

그러나, 사람이 가진 그릇에

무엇을 채울 수 있는지가 더 중요하고

그 그릇에 원래 있던 것을 비우고

다른 것도 다시 채울 수 있는 것인지도

고려해 봐야 한다.

사람의 그릇은 한번 담았던 것을 본능적으로

기억하는 것이기에…..

그릇에 원래
있던 것을 **비우고**,

그릇의 크기

다른 것도 다시
채울 수 있는 것

쾌락주의에 대한 경고

그저 살아지는 것은 삶이 아니다.

살려고 **노력**해야 하고

어떻게 살아야 할지 **고민**해야 하며,

내가 살아온 길을 **돌이켜 볼 줄**도 알아야 한다.

오늘에 **충실**한다고 하는 말은

자신의 삶에 대한 가장 무책임한 **핑계**요,

미래에 대한 **두려움**의 또다른 표현이다.

快樂주의

立

자신이 올바로 서지 않은 채

모든 것을 **관계로 해결**하려는 사람들이 있다.

이런 이들은 현재 자기의 관계를 **과시**하며,

그것들이 자기를 높여줄 것이라 맹신한다.

그러나, 관계들이 자신에게서 사라졌을 때

그들은 결국 아무것도 할 수 없는

자기를 발견하게 될 것이고

서있는 그 자리에서 슬피 울며 이를 갈게 될 것이다.

이를 피할 방법은 오직 하나!

자신이 올바로 설 수 있도록

노력하는 것뿐.

추억

기다림은 **그리움**을,

그리움은 **애절함**과 **설레임**을,

애절함과 설레임은 **순응**과 **체념**과 **실망**과

아련한 희망을……

결국에 그것들은 **추억**이 된다

기다림그리움애절함설레임
순응체념실망아련한희망기
다림그리움애절함설레임순
응체념실망아련한희망기다림
그리움애절함설레임순응체
념실망아련한희망기다림그
리움애절함설레임순응체념
실망아련한희망기다림그리움
애절함설레임순응체념실망
아련한희망기다림그리움애
절함설레임순응체념실망아련
기다림그리움애절함설레임
순응체념실망아련한희망기
다림그리움애절함설레임순

그릇이야기2

그릇은 그 자체보다는

그것에 담겨있는 것이 무엇인가에 따라

귀천이 달라지는 것이다.

더럽고 불결해 보이는 요강도

그 안에 금괴를 넣으면

겉으로 보이는 것은 변하지 않았음에도

남들에게 신주단지처럼 대접받게 된다.

높아지고자 하는 자여,
겉으로 드러나는 것을 **포장**하지 말지어다.

변화하고자 하는 자여,
자신의 그릇에 **올바른 것**을 채울지어다.

목적과 수단에 대한 고찰

목적이 수단을 정당화한다는 말이 있다.

하지만,

잘못된 목적은 수단을 통해

누군가에게 상처를 주고

심지어는 수단 자체를 불법행위로 만들게 된다.

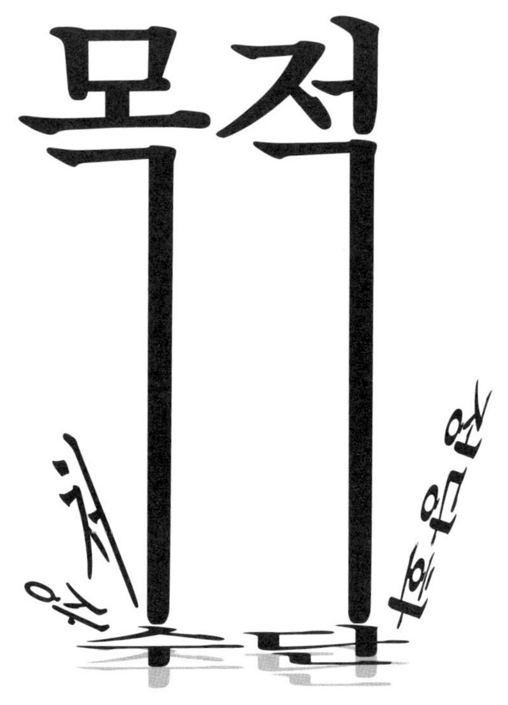
목적
수단

성공하는 인생

교만은 실패한 인생으로 가는 지름길이다.

내가 한 것이 아니고 **함께** 이룬 것이며

내가 만든 것이 아니라

존재했던 것 그리고 누구나 알 수 있는 것을

조금 더 고민해서

남보다 먼저 발견한 것일 뿐이다.

작은 성공에 **도취**해서 눈이 흐려지고

귀가 어두워지는 순간

인간은 **자신**을

교만의 우물 속에 가두게 된다.

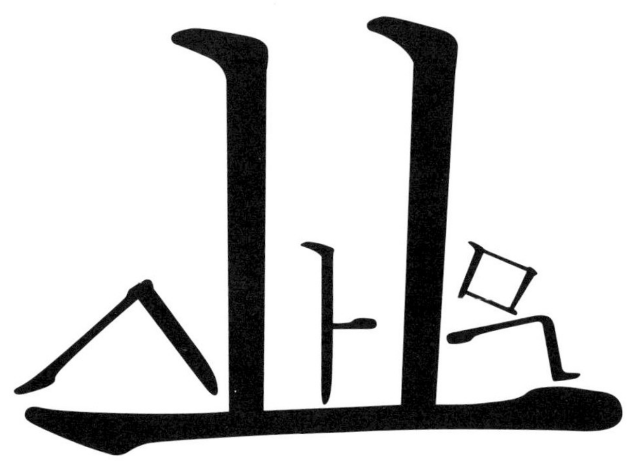

회귀

초심으로 돌아가자.

직장 생활 처음 시작할 때의 다짐으로,

학교라는 곳에 첫발을

내딛을 때의 어리버리함으로,

엄마 뱃속에서 **갓 튀어나왔을 때**의 우렁참으로,

그렇게 해서 우리의 무의식과 다시 만나게 된다면

지금까지와는 또 다른 무언가를 할 수 있는

자신으로 거듭나게 되리라~

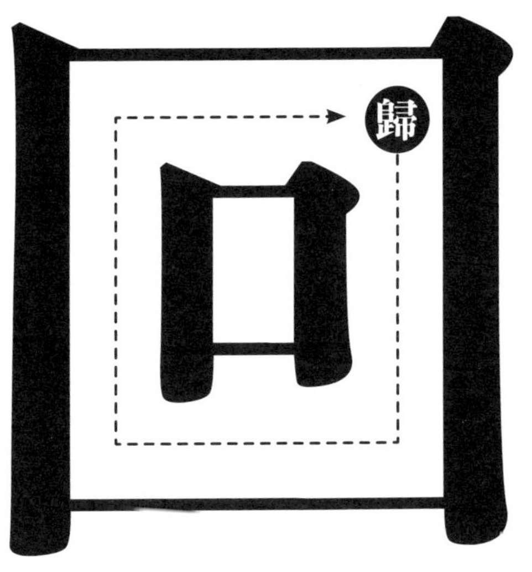
歸

일

혼자 씨름할 때 일은 나에게 고독이어라

함께 할때 과업은 우리 모두의 기쁨이어라

그리하여 결과는 사랑과 교감의 결실이리라

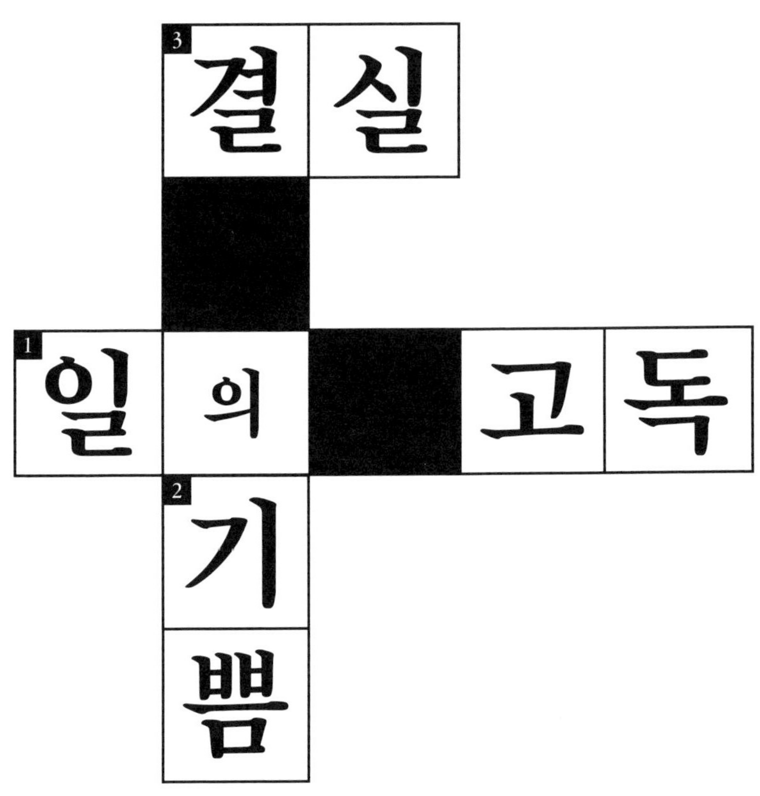
3
결
실
1
일
의
고
독
2
기
쁨

大同

지금 내가 힘든 것은 곁에 있는 사람들과

나누지 못해서이다.

니꺼 내꺼를 따지다 보면

우리네 삶은 한없이 각박해지고

모든게 우리꺼라고 **합의**하는 순간

우리는 비로소 **가족**이 된다.

사돈의 팔촌까지 피붙이가 되는 그날이 오면

나는 너와 함께
두 손 맞잡고 춤을 추리라.

이런 나는 정녕 돌+아이 인가?

공존

다름을 **인정**한 것인가

서로 두손 꼭 부여잡고 너는 너대로 나는 나대로

그저 그렇게 **같이** 살자고 다짐한 건가

그 모습들이 그냥 **아름답다**

그래서 너는 **생명**이로구나~

共存

담벼락

삶과 죽음에 경계가 있을까

사는 것이 곧 죽는 것이고

죽는 것이 곧 삶인 것은 아닐까

내가 살면 남이 죽고 내가 죽으면 남이 살고

나와 내가 아닌 것들의 생사는

정녕 연결되어 있는 것인가

같이 살고 같이 죽는 삶을 찾고 싶다

삶 죽음

그렇게 사람과 세상과
함께하는 삶을 살고 싶다

떠나가는 사람들에게

울지 마라 그리워하지도 마라

너의 시간을 가늠이라도 할 수 있었더냐

그렇게 정해진 대로 가는 **인생**

애써 붙잡으려고 해서 무엇하리~

털어라 털어버려라

너희 앞에 펼쳐질 **다음의 생을 희망**하라

우리도 너희처럼 그렇게 스러져 갈 것이니

그때 우리 다시 만나 웃자꾸나

그리고 함께 **회상**하자꾸나

서로가 서로에게 너무나도 **소중한 존재**이기에

나는 오늘 웃으면 보내련다…… 사람아~

不動

뒤돌아보지 말자

흔들리지 말자

두려워하지도 말자

엷은 귀를 버리자

그리고 마음의 눈을 열자

그런 연후에 나의 사람들을 사랑하자

오늘 그대가 무언가를 하고자 한다면

또한 누군가와

함께 이루고자 하는 것이 있다면……

不動

회색 도시

뿌연 하늘을 닮은 도시

문명이 만든 모든 것들이

자신의 존재를 뽐내며 **시끄럽게 떠드는** 곳

나는 이런 곳에 살고 있다.

한때는 나도 그들처럼 떠들었으나

이제는 **입**을 **닫**으련다.

귀를 막으련다. 그리고,

마음의 문을 열어 제끼련다.

이제야 들린다.

세상 모든 것들이 그렇게 떠들어 온 이유가

그대들도 이같은 **세상의 恨**을 들어보라.

안 들려도 삶은 그저 살아지겠지만......

회색

보이지 않는 손

아담 스미스의 말이 아니다.

누군가와 **함께** 하고픈 한 인간의 말이다.

굳이 손을 잡지 않아도 그 존재가 곁에 없어도

우리는 그렇게 **보이지 않는 끈**으로 공감으로

또한 강한 연대로 이어져 있었던 것이다.

보이지 않는다고 존재하지 않는 것일까?

만져지지 않는다고 잊혀져야 하는 걸까?

보이지 않는 손은
우리가 놓지 말아야 할 **사랑**이다.

아픈만큼

아픈만큼 성숙해진다는 말은 구라다.

아프니깐 청춘이다 라는 말 역시 그렇다.

우리네 인생은 **성숙**해질 수록 아프고,

아름답고 치열한 **청춘**을 보내야

참 아픔을 알게 되는 것이다.

지금 내가 아프다는 것은 세상을

그리고 사람을 더 많이 알게 됐다는 징표,

앞으로 어떻게 살아가야겠다는 다짐을

가능하게 하는 **깨달음의 표상**이다.

오늘도 나는 맘 속이 아프다, 가슴이 시려온다,

각성제가 필요해~

배고픔과 사색

단식하는 사람들에게 경의를 표한다.

한끼만 굶어도 이렇게 맥이 빠지는 것을....

하지만, 그렇게 잃는 것은

무언가를 나에게 가져오고 있으니

생각이요 **상념**이라,

그리고 **성찰**이라

배부른 꿀꿀이가 되지 않는 길이 주림이었구나~

잊혔던 나를 찾아가는 **지름길**

오늘부터라도 아침 한끼 정도는 굶어보시길.....

배고픔+사색
= 생각+상념+성찰
= 나

길1

지금 서 있는 이 길이 **내가 가야 하는** 길인가?

아니면 옆 사람이 가고 있는 길이 그러한 것인가

수많은 길이 놓여있고 사람들은

그 중 하나를 택해서 가고 있다만

둘러보는 이 그리고 돌아보는 이 몇이나 될까?

그렇더라도 모두가 **따사로운 봄길** 같은

인생이 되기를.......

우리가 아는 채용의 형태

강하직〉정규직〉계약직〉임시직,

강하직이 뭐냐고 물으신다면 그것은

낙하산 인사라고 말하겠어요

강하직
정규직
계약직
임시직

8천원의 행복

냉탕과 **온탕** 그리고 **열탕**

목욕탕은 지친 현대인에게

안식을 피로를 주는 **박카스**

덤으로

인생에 **온탕**과 **냉탕**이 있다는 것을 깨닫게 해주고

그걸 즐기고 **견뎌내는 연습**도 하게 해준다

주말마다 습관적으로 가는 **훈련장**

우리는 이래서 싸우나를 찾는다.

8천원의 행복

家族

술 한잔

밥 한술

말 한마디

어쩜 이리도 편한 걸까

또 하나의 가족이 아니라

원래 그런 것이 **가족**이어라

너와 나 만나야 된다는 족쇄를 취함이 가하더라도

이런 속박은 **기쁨**과 **행복**이라

- 오랜만의 사촌 모임에서 -

편한
家族
기쁨
행복

끄적거림

우리는 "그냥"이란 말을 자주 쓴다.

자신의 생각을 숨기기 위해,

자신의 잘못을 감추기 위해,

때로는 자신의 의도가 가져올

파장을 회피하기 위해..

그러나,

우리가 말하는 것처럼

우리 인간이 하는 일 중에

"그냥" 벌어지는 일들은 아주 적다.

"그냥"이라는 말은 인간보다는

자연에 더 어울리는 것이기 때문에…….

네번째 이야기

신과 인간

신부님 신부님, 우리 신부님

낮은 데로 임할 줄 알았던 사람,
현실 속에서 **신앙인이 가야 할 길**을 찾아
우리에게 보여준 사람,
신도 위에 군림하지 않고 그 곁에서
조용히 **자신의 두 팔**을 벌려 준 사람,
자기보다 나은 것을 탐하지 않고,
가진 그대로 있는 그대로 사람들에게
보탬이 되어 준 사람,
살아서도 심지어 죽어서도 **우리들에게**
뜨거운 눈물을 주고 있는 사람

그렇게 자신을 모두에게

전부 내어준 사람…

이태석 신부님 보고 싶습니다,

잘 지내시죠?

길2

우리는 이것이 길이라는 것을

누군가가 지나간 흔적을 통해 알 수 있다.

시간이 흘러 나의 뒤에 오는 누군가도

나의 이 발자취를 보고

이 길을 **의심없이** 지나가게 될 것이다.

그런데, 내가 가고자 하는 길에

아무런 표식이 없다면 어떻게 해야 하지?

그럴 때 우리에게 필요한 분이

절대자 아닐까?

神

길

배타와 인정

모든 종교에 구원이 있다고 말할 수는 없다.
하지만 최소한 이 세상의 모든 종교는
우리 인간들이
세상에서 어떻게 살아가야 하는지에 대한
해법을 찾고 알려준다.
불교의 자비, 크리스트교의 사랑, 유교의 仁
이렇게들 서로 통하고 있는 것도 모르고
왜 우리는 다르다고 배척하려고만 할까~

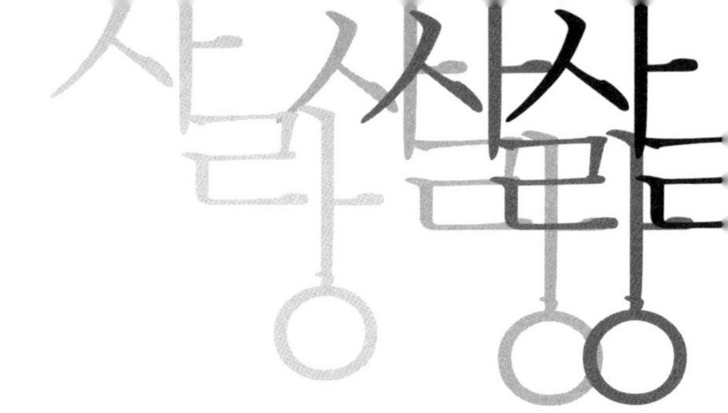

지금부터 바뀌자, **받아들이자**
오늘부터라도 **인정**이라는 것을 해보자
싫으면~ 시집가!

고백

하늘에 계신 분은

우리에게 **즐거운 속박**을 주신다.

우리는 만유인력과도 같은 그 굴레 안에서

자유를 만끽하고

누군가는 그 굴레를 애써 **부인**하려 한다.

그렇더라도 그 분은

그 누군가를 **끝없이 기다리신다**

ㅈ 自 ㅏ

아버지, 그 이름이 온 땅에 어찌 그리
아름다우신지요~

ㅇ
ㅠ 由

인도

신은

인간에게

각자가 **가야할 길**을

보여주시고

자애롭게도

그 길을 갈 수 있는 **방법** 또한,

우리에게 **알려 주신다.**

마지막 이야기

나의 고백

그리움, 우리가 그리워해야 할 것들

소통하고 싶은 사람들이 그립다.
사랑하고 싶은 사람들이 그립다.
떠나간 사람들이 그립다.
잊혀져 가는 사람들이 그립다.
앞으로 만나게 될 사람들마저 **그립다.**
오늘의 이 그리움은 어쩌면
우리가 관계를 맺고 부대끼며

함께 살아가는 모든 사람들에 대한
나의 **고마움**인가 보다.

그리움	**疏通** **사랑** **떠나-** **잊혀져** **간**	고마움

음주 예찬

술을 벗삼아 시가를 읊으며

살아온 세월 그 얼마런가~

비록 몸은 **만신창이**,

가진 것 없는 **빈털터리**가 되었다만….

그 세월과 함께 남은 것은

지금 **내 곁에 있는 소중한 사람들**이로세~

친구에게 고함2

어깨동무 내 동무 이야기 길로 가자

친구의 또 다른 이름 **동무**

이념에 의해 사라져 버린 아련한 추억

동무야~ **너와 어깨를 나란히** 한 채

세상을 논하고 슬픔과 기쁨을

나누던 시절이 그립구나

이제는 서로 잊고 사는지는 모르겠지만

너를 **다시 만나고 싶다**

기억 속에 잊혀져 가는 그리고 스러져 가는

우리 어린 시절을 **되돌리고** 싶기에

두 손을 맞잡은 채로 함께 어깨동무를 하고서....

습관

오늘도 어김없이 빨리 떠져버린 눈
습관을 이렇게 나의 몸을 지배하고,
오늘따라 그 놈이 내 맘도 지배해 줬으면…
그저 졸립다~

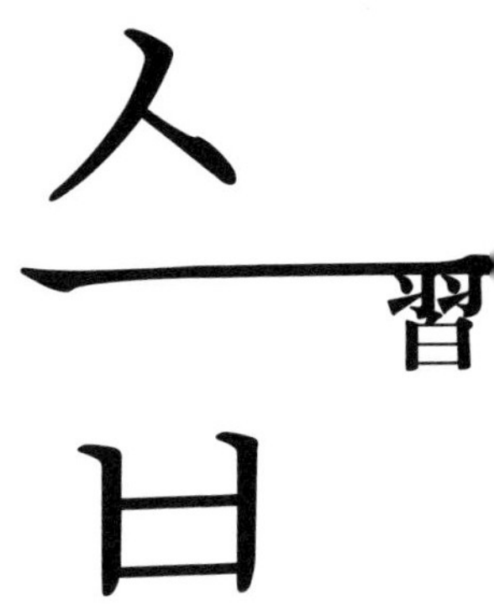

나의 몸을 지배

Appendix

내 나이 이제 갓 마흔

내 앞에 펼쳐질 나의 인생이

불혹의 삶이 될지

지금까지 살아온 날의 부록이 될지 궁금하구나~

Appendix

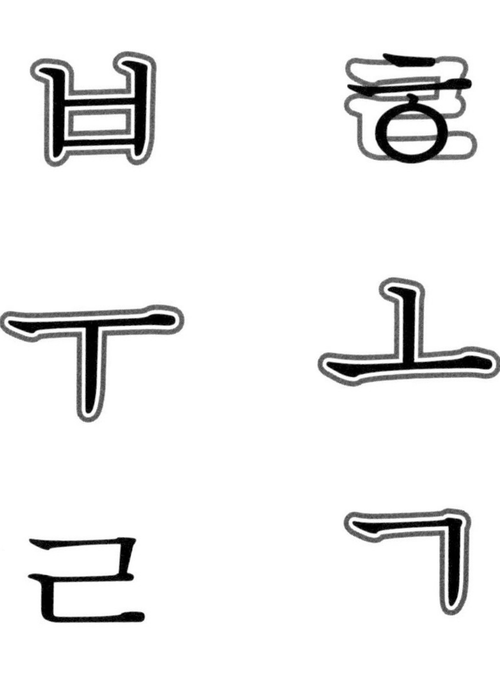

Forty

이밥

힘든 하루를 마무리하고

맘 속의 평온을 되찾기 위해 **밥을 짓는다.**

내일 또 다시 멘붕이 오더라도

버틸 수 있는 힘을 지녀야 하기에

지금은 먹는다.

속을 채워 시름과 싸운다.

힘든
하루의
마무리

밥 = 힘

내일을
버틸 수 있는
맘 속의
평온

나의 소중한 것들

담배,

너는 내 무의식을 깨워주는

나의 호흡

커피,

그대는 언제나 나를 채워주는

신의 Nectar~

건강에는 차암~ 안좋아요

맏
나의 호흡도
所重
며
신의Nectar
기

梅와 竹

겨울을 헤치고 돋아나는 **매화**,

마디마디 세월을 품되

절개를 잃지 않는 **대나무**,

어릴 적부터 보고 자라온 그림인데

이 몸은 겨울을 이기지 못하고

세월도 제대로 품지 못하는 구나~

梅竹圖

카레와 나

볼 품은 없으나 3분이면 누구가를 위해

그럴 듯한 먹거리가 되어주는 이 넘,

나는 3분 동안에 남을 위해 모든 것을

다 줄 수 있는 사람이었나 자문해 본다.

나는

3분 동안에

남을 위해

모든 것을

다 줄 수 있는
사람이었나

봄비

친구가 떠난 자리에 **봄비**가 내린다.

이 비가 다시 그리움 대신 우리 둘 사이에

우정의 새싹을 돋게 해주리라.

이제는 겨울비와 함께 떠난 친구가 그립다.

휴~

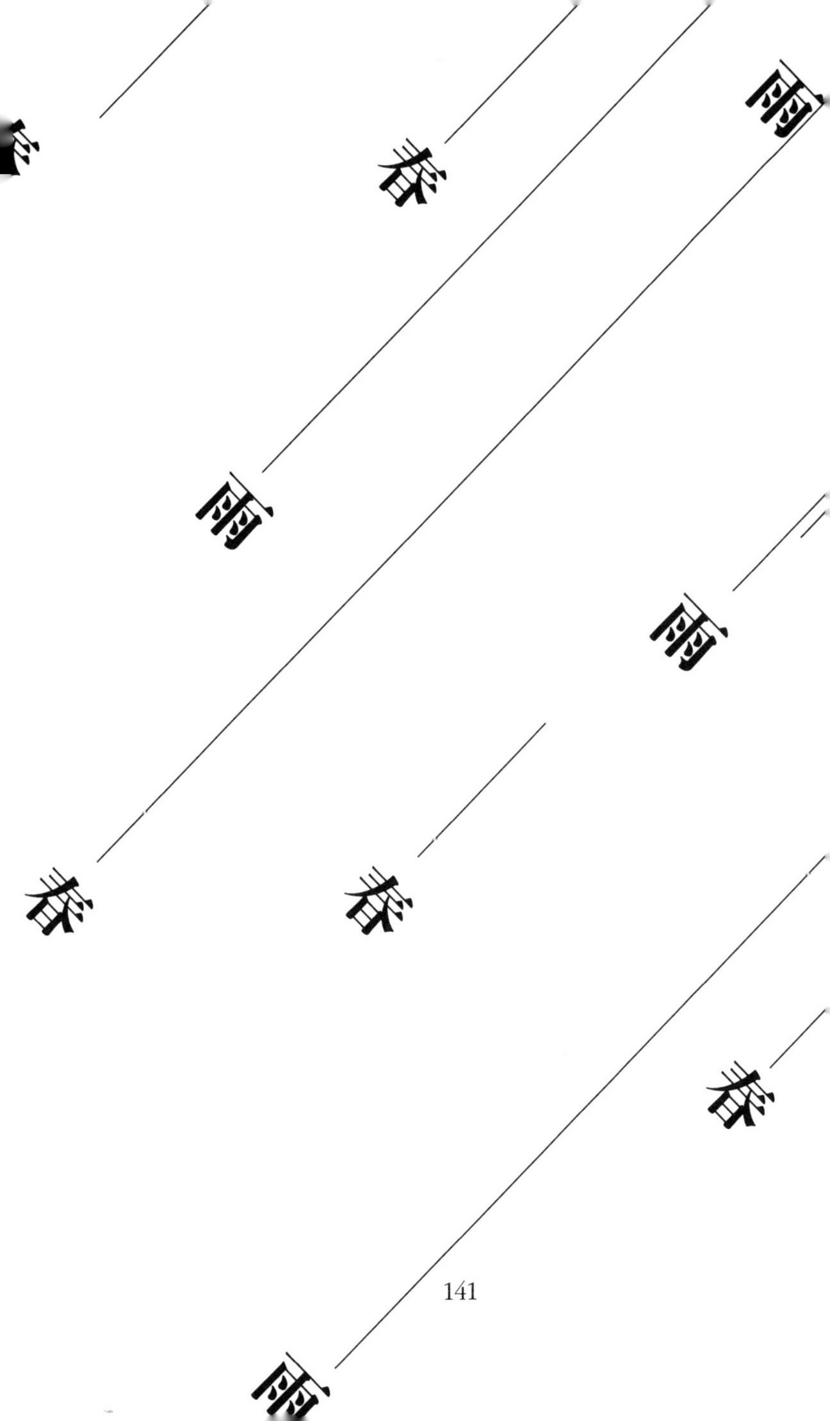

별리

세상의 모든 것이 덧없다.

일도 사랑도 관계도 집착도 욕망도,

그 나머지 모든 것도…..

지금의 나에게는 어떤 감흥도 일으키지 않는구나~

이렇게 나는 과거의 자신과

이별하고 있음을 깨닫는다.

그러나, 그 이별은 나의 과거로부터의

단절이 아니라,

別斷

과거의 자신과

나의 **미래**를 위한 몸부림이다.

고향으로 가는 길

나는 나의 고향을 향해 달려간다.

그리고 차창 밖으로 흘러가는 세상은

나와 **반대**로 달려간다.

하지만 나는 이 세상 모든 것과

함께 달려가고 싶다.

가자! 모두 그리고 **어울리자!**

이토록 시리고 **아름다울 우리의 날**들을 위해

아름다울 우리의 날
故鄕
故鄕

空, 滿

그래, 세상이 필요로 하는 것을 내어주자

지식이 필요한 곳에는 **지식**을,

위로가 필요한 곳에는 따순 **위로**를,

사랑이 필요한 곳에는 한없고 진실한 **사랑**을,

내 자신을 필요로 하는 곳에는

그저 **나의 전부**를…

다 내어주고 또한 비우고 나서

내 안에 채워지는 것을 보라!

재회

잊고 살았던 것들, 잊고 지내온 사람들

전부 그대로구나

내가 변하고 내가 다가가지 못했을 뿐

모든 것이 다시 다가옴을 애타게

기다리고 있었는지도 모르겠다

이것이 **인생의 아름다움** 아니겠는가

만남, 헤어짐, 기다림과 그리움 그리고

영원할 만남과 함께할 사랑

再會
만남
영원할
잊고
지내온
사람들
헤어짐
그리움
잊고 살았던 것들

괴물

간다

나는 간다

나는 나를 찾으러 간다

나는 나를 찾으러 세상으로 간다

나는 나를 찾으러 세상으로 걸어 간다

나는 나를 찾으러 세상으로 힘차게 걸어 간다

마침내 나와 만나면 내 자신에게 해주고 싶은 말이

무엇일까

그것은 바로 "꺼져라 이놈아"가 될 것이다 ㅋ

나를 찾으러 세상으로
怪物